Impressum
Verlag: BABADADA GmbH, Nedderfeld 112 , 22529 Hamburg
Geschäftsführer / Verlagsleitung: Harald Hof
Druck: Books on Demand GmbH, In de Tarpen 42, 22848 Norderstedt

Imprint
Publisher: BABADADA GmbH, Nedderfeld 112 , 22529 Hamburg, Germany
Managing Director / Publishing direction: Harald Hof
Print: Books on Demand GmbH, In de Tarpen 42, 22848 Norderstedt

escola

el colegio

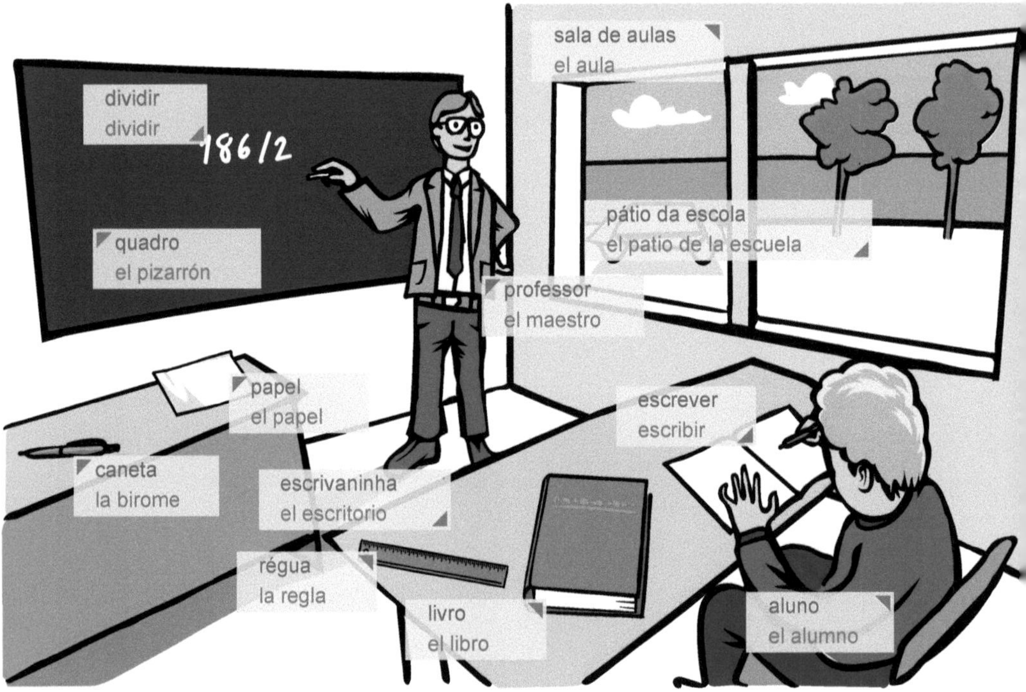
sala de aulas
el aula
dividir
dividir
186/2
quadro
el pizarrón
pátio da escola
el patio de la escuela
professor
el maestro
papel
el papel
escrever
escribir
caneta
la birome
escrivaninha
el escritorio
régua
la regla
livro
el libro
aluno
el alumno

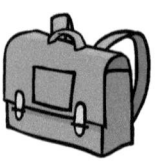

sacola

la mochila

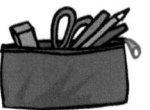

estojo de lápis

la caja de lápices

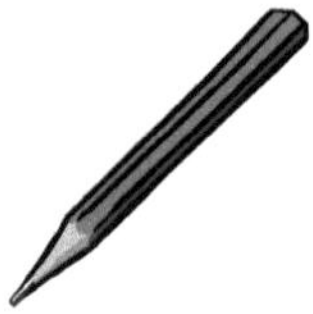

lápis

el lápiz

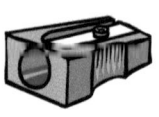

apontador de lápis

el sacapuntas

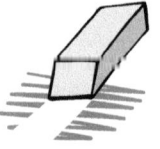

borracha

la goma (de borrar)

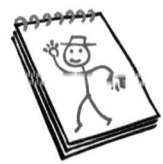

bloco de desenho

el bloc de dibujo

desenho

el dibujo

pincel

el pincel

estojo de tintas

la caja de pinturas

tesoura

la tijera

cola

el pegamento

livro de exercícios

el cuaderno de ejercicios

lição de casa

la tarea

número

el número

somar

sumar

subtrair

restar

multiplicar

multiplicar

calcular

calcular

letra

la letra

alfabeto

el abecedario

palavra

la palabra

texto
....
el texto

ler
....
leer

giz
....
la tiza

hora
....
la lección

registro da classe
....
el cuaderno de clase

exame
....
el examen

certificado
....
el certificado

uniforme escolar
....
el uniforme escolar

educação
....
la educación

enciclopédia
....
la enciclopedia

universidade
....
la universidad

microscópio
....
el microscopio

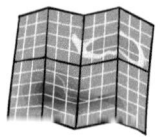

mapa
....
el mapa

cesto de lixo
....
el tacho (de basura)

viagem
el viaje

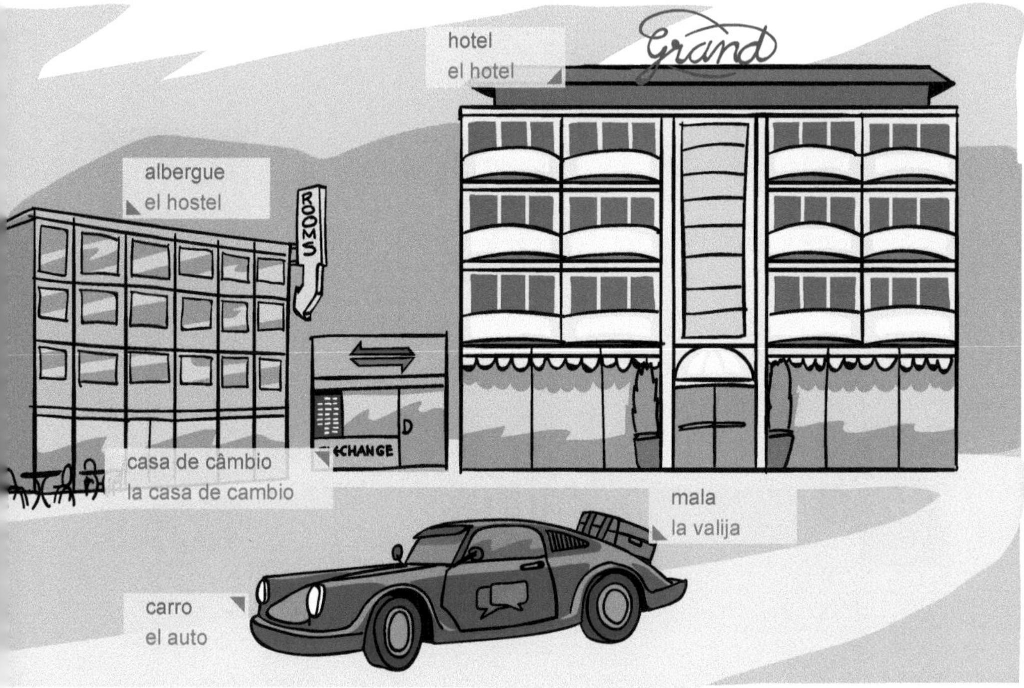

hotel
el hotel
Grand
albergue
el hostel
ROOMS
casa de câmbio
la casa de cambio
mala
la valija
carro
el auto

idioma

el idioma

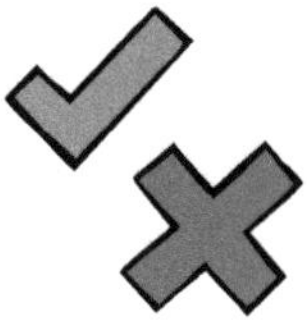

sim / não

sí / no

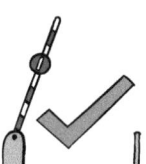

ok

Está bien

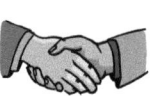

Olá

hola

tradutor

el traductor

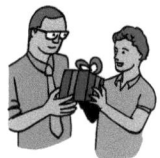

obrigado

Gracias

quanto custa...?

¿cuánto cuesta...?

eu não entendo

No entiendo

problema

el problema

boa noite!

¡Buenas tardes!

Bom dia!

¡Buenos días!

Boa noite!

¡Buenas noches!

até logo

el adiós

direção

la dirección

bagagem

el equipaje

bolsa

el bolso

mochila

la mochila

convidado

el invitado

quarto

la habitación

saco de dormir

la bolsa de dormir

barraca

la carpa

informação turística

la información turística

praia

la playa

cartão de crédito

la tarjeta de crédito

café da manhã

el desayuno

almoço

el almuerzo

jantar

la cena

bilhete

el pasaje

elevador

el ascensor

selo

el sello

fronteira

la frontera

alfândega

la aduana

embaixada

la embajada

visto

la visa

passaporte

el pasaporte

viagem - el viaje

transporte
el transporte

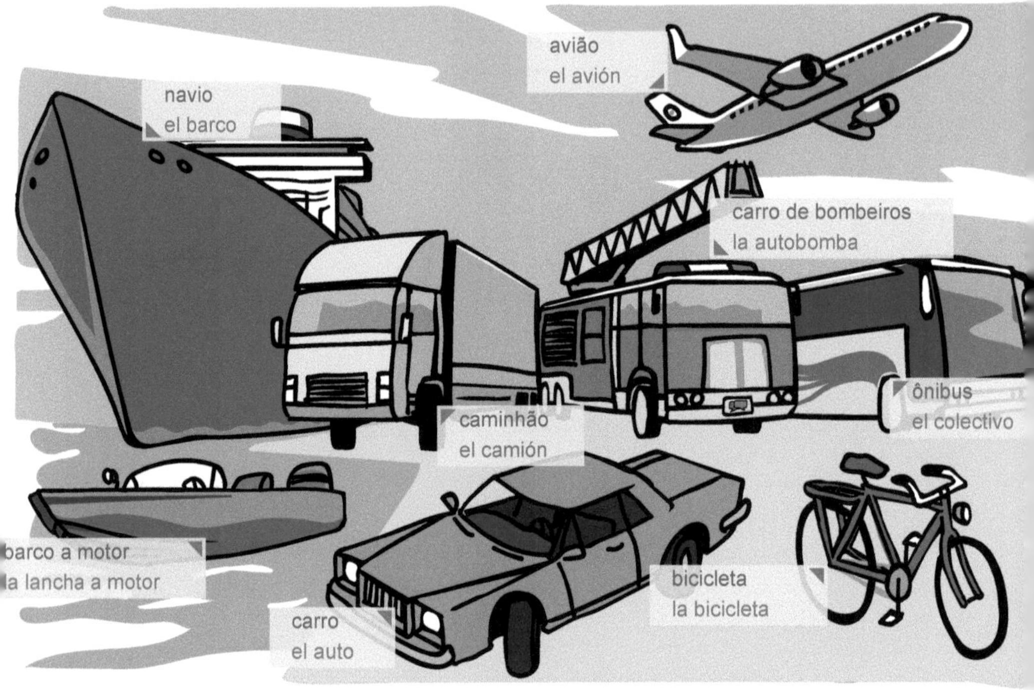
avião
el avión
navio
el barco
carro de bombeiros
la autobomba
ônibus
el colectivo
caminhão
el camión
barco a motor
la lancha a motor
bicicleta
la bicicleta
carro
el auto

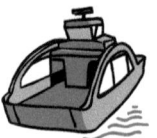

balsa

el ferry

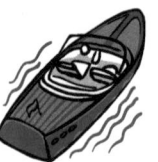

barco

el bote

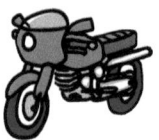

motocicleta

la moto

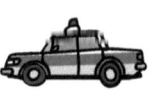

veículo policial

el patrullero

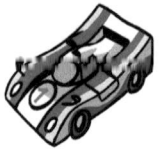

carro de corrida

el auto de carreras

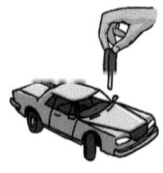

carro de aluguel

el auto de alquiler

compartilhamento de
automóvel
el alquiler de autos

caminhão de reboque
la grúa

caminhão de lixo
el camión de la basura

motor
el motor

combustível
la nafta

posto de gasolina
la estación de servicio

placa de trânsito
la señal de tránsito

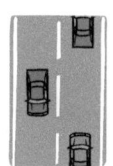

trânsito
el tránsito

trânsito lento
el embotellamiento

estacionamento
el estacionamiento

estação de trem
la estación de tren

trilhos
las vías

trem
el tren

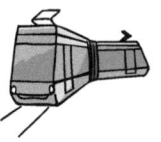

bonde
el tranvía

vagão
el vagón

helicóptero
el helicóptero

aeroporto
el aeropuerto

torre
la torre

passageiro
el pasajero

contêiner
el contenedor

cartolina
la caja de cartón

carroça
la carretilla

cesto
la canasta

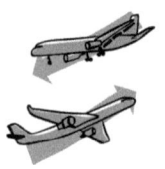

decolar / pousar
despegar / aterrizar

cidade
la ciudad

vilarejo
el pueblo

centro da cidade
el centro de la ciudad

casa
la casa

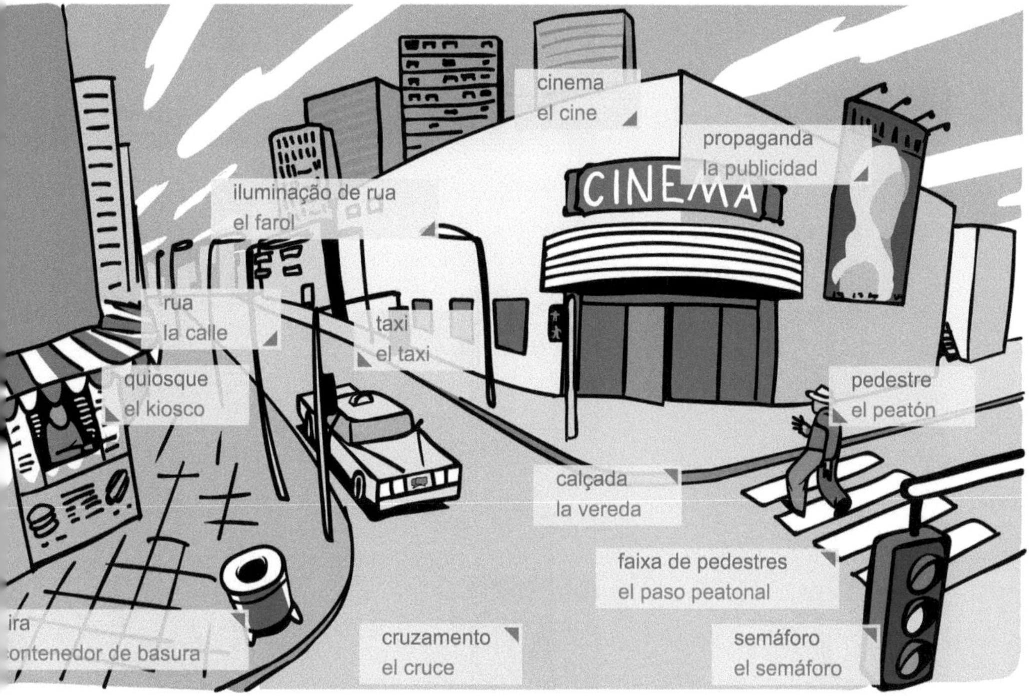

cinema
el cine

propaganda
la publicidad

iluminação de rua
el farol

rua
la calle

taxi
el taxi

quiosque
el kiosco

pedestre
el peatón

calçada
la vereda

faixa de pedestres
el paso peatonal

ira
ontenedor de basura

cruzamento
el cruce

semáforo
el semáforo

cabana

la cabaña

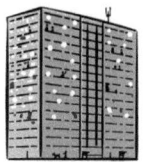

apartamento

el departamento

estação de trem

la estación de tren

prefeitura

la municipalidad

museu

el museo

escola

el colegio

universidade
la universidad

banco
el banco

hospital
el hospital

hotel
el hotel

farmácia
la farmacia

escritório
la oficina

livraria
la librería

loja
el negocio

floricultura
la florería

supermercado
el supermercado

mercado
el mercado

loja de departamentos
las grandes tiendas

peixaria
la pescadería

centro comercial
el centro comercial

porto
el puerto

parque

el parque

banco

el banco

ponte

el puente

escadas

las escaleras

metrô

el subte

túnel

el túnel

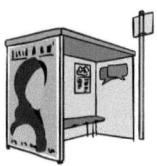

ponto de ônibus

la parada del colectivo

bar

el bar

restaurante

el restaurante

caixa de correspondência

el buzón

placa de rua

el letrero

parquímetro

el parquímetro

zoológico

el zoológico

piscina

la pileta

mesquita

la mezquita

fazenda
la granja

poluição
la contaminación

cemitério
el cementerio

igreja
la iglesia

parquinho
los juegos infantiles

templo
el templo

paisagem
el paisaje

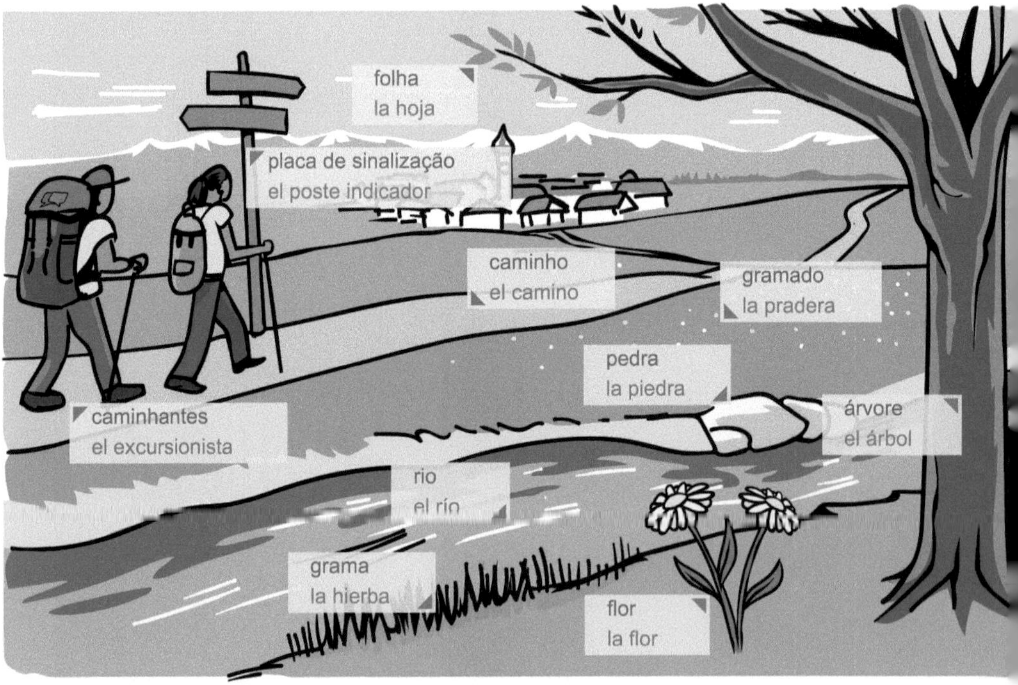

folha
la hoja

placa de sinalização
el poste indicador

caminho
el camino

gramado
la pradera

pedra
la piedra

árvore
el árbol

caminhantes
el excursionista

rio
el rín

grama
la hierba

flor
la flor

vale

el valle

montanha

la montaña

lago

el lago

floresta

el bosque

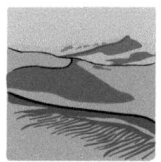

deserto

el desierto

vulcão

el volcán

castelo

el castillo

arco-íris

el arco iris

cogumelo

el champiñón

palmeira

la palmera

mosquito

el mosquito

mosca

la mosca

formiga

la hormiga

abelha

la abeja

aranha

la araña

besouro

el escarabajo

sapo

la rana

esquilo

la ardilla

ouriço

el erizo

lebre

la liebre

coruja

la lechuza

pássaro

el pájaro

cisne

el cisne

javali

el jabalí

veado

el ciervo

alce

el alce

barragem

la presa

aerogerador

el aerogenerador

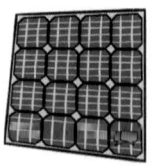

painel solar

el panel solar

clima

el clima

restaurante
el restaurante

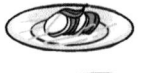

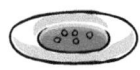

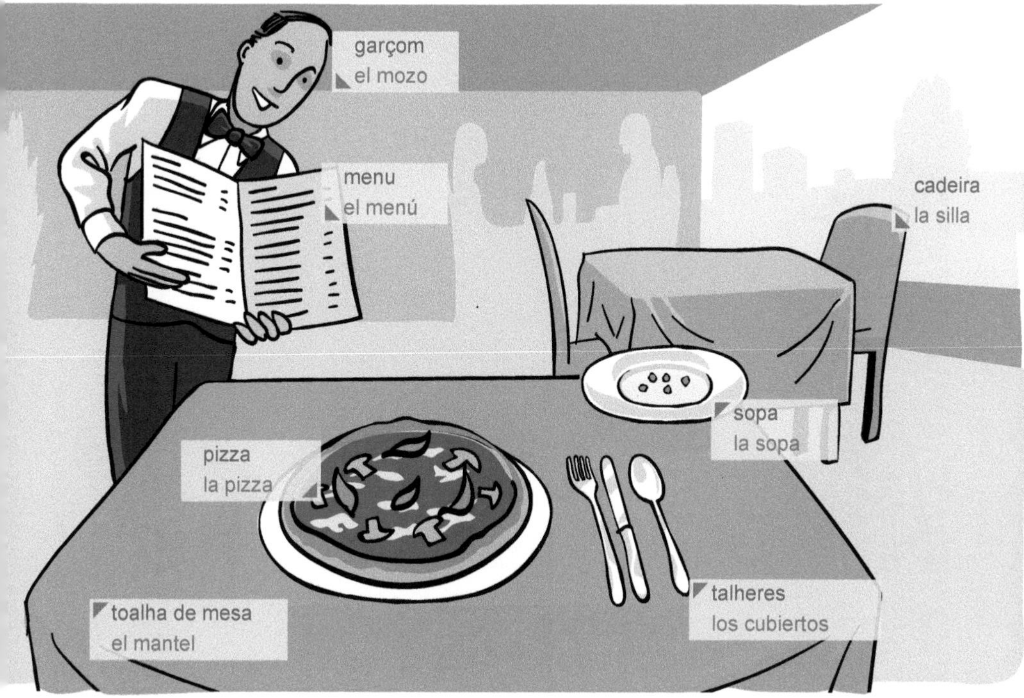
garçom
el mozo
menu
el menú
cadeira
la silla
sopa
la sopa
pizza
la pizza
talheres
los cubiertos
toalha de mesa
el mantel

entrada

la entrada

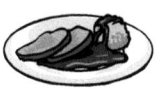

prato principal

el plato principal

sobremesa

el postre

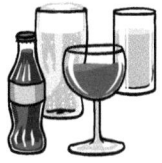

bebidas

las bebidas

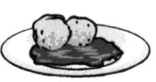

comida

la comida

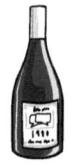

garrafa

la botella

fastfood

la comida rápida

comida de rua

la comida callejera

bule de chá

la tetera

açucareiro

la azucarera

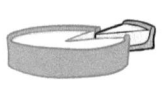

porção

la porción

máquina de expresso

la cafetera expreso

cadeirão

la sillita alta

conta

la cuenta

bandeja

la bandeja

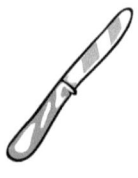

faca

el cuchillo

garfo

el tenedor

colher

la cuchara

colher de chá

la cucharita

guardanapo

la servilleta

copo

el vaso

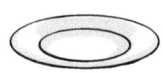

prato
el plato

prato de sopa
el plato hondo

pires
el plato

molho
la salsa

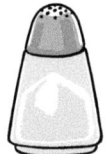

saleiro
el salero

moedor de pimenta
el molinillo de pimienta

vinagre
el vinagre

óleo
el aceite

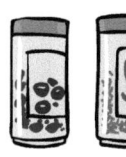

especiarias
las especias

ketchup
el kétchup

mostarda
la mostaza

maionese
la mayonesa

supermercado
el supermercado

oferta especial
la oferta especial
FOR
cliente
el cliente
laticínios
los lácteos
frutas
la fruta
carrinho de compras
el changuito

BUTCHERS

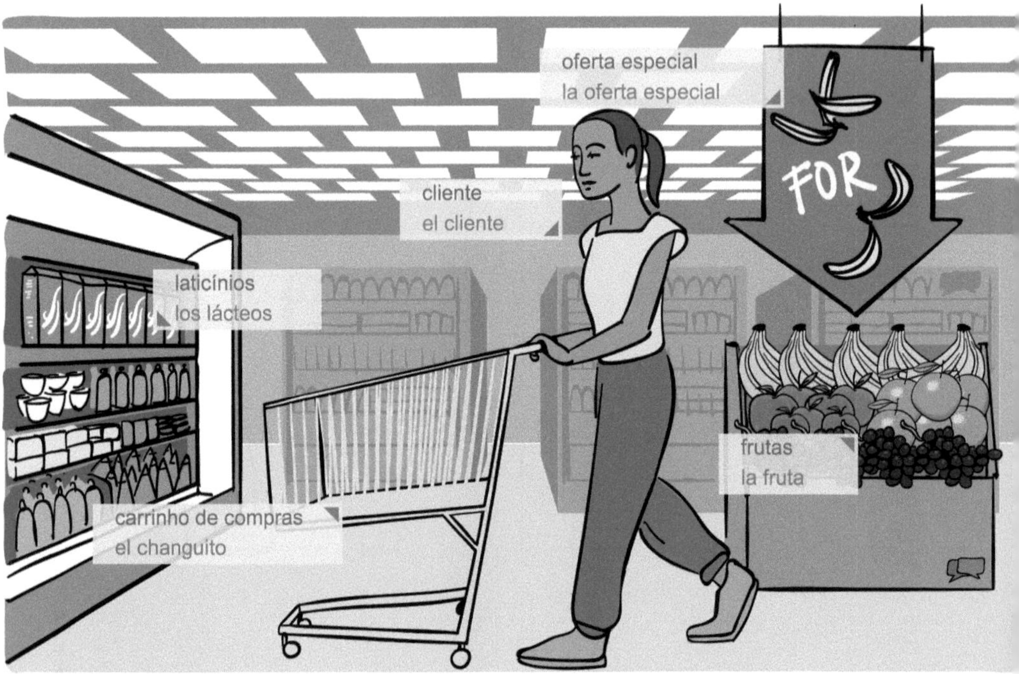

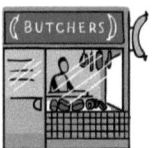

açougue

la carnicería

BAKERY

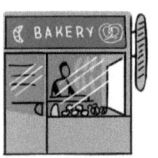

padaria

la panadería

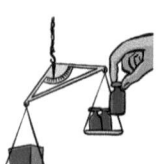

pesar

pesar

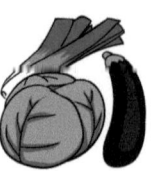

legumes

las verduras

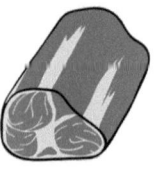

carne

la carne

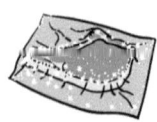

congelados

los alimentos congelados

charcutaria

los fiambres

conservas

los alimentos enlatados

detergente em pó

el detergente en polvo

doces

las golosinas

artigos domésticos

los electrodomésticos

produtos de limpeza

los productos de limpieza

vendedora

la vendedora

caixa

la caja

caixa

el cajero

lista de compras

la lista de compras

horário de funcionamento

el horario de atención

carteira

la billetera

cartão de crédito

la tarjeta de crédito

sacola

la cartera

saco plástico

la bolsa de plástico

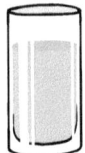

água
....
el agua

suco
....
el jugo

leite
....
la leche

coca-cola
....
la bebida cola

vinho
....
el vino

cerveja
....
la cerveza

álcool
....
el alcohol

cacau
....
el cacao

chá
....
el té

café
....
el café

expresso
....
el café expreso

cappuccino
....
el cappuccino

banana

la banana

maçã

la manzana

laranja

la naranja

melão

el melón

limão

el limón

cenoura

la zanahoria

alho

el ajo

bambu

el bambú

cebola

la cebolla

cogumelo

el champiñón

nozes

las nueces

macarrão

los fideos

espaguete

los tallarines

arroz

el arroz

salada

la ensalada

batatas fritas

las papas fritas

batatas frias

las papas fritas

pizza

la pizza

hambúrger

la hamburguesa

sanduíche

el sándwich

escalope

el churrasco

presunto

el jamón

salame

el salame

salsicha

la salchicha

galinha

el pollo

assado

el asado

peixe

el pescado

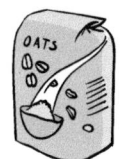

flocos de aveia
los copos de avena

granola
el muesli

flocos de milho
los copos de maíz

farinha
la harina

croissant
la medialuna

pãozinho
el pancito

pão
el pan

torrada
la tostada

biscoitos
las galletitas

manteiga
la manteca

requeijão
la cuajada

bolo
la torta

ovo
el huevo

ovo frito
el huevo frito

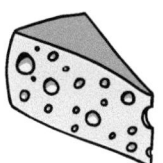

queijo
el queso

sorvete

el helado

açúcar

el azúcar

mel

la miel

geleia

la mermelada

creme de avelãs

la pasta de chocolate

curry

el curry

fazenda

la granja

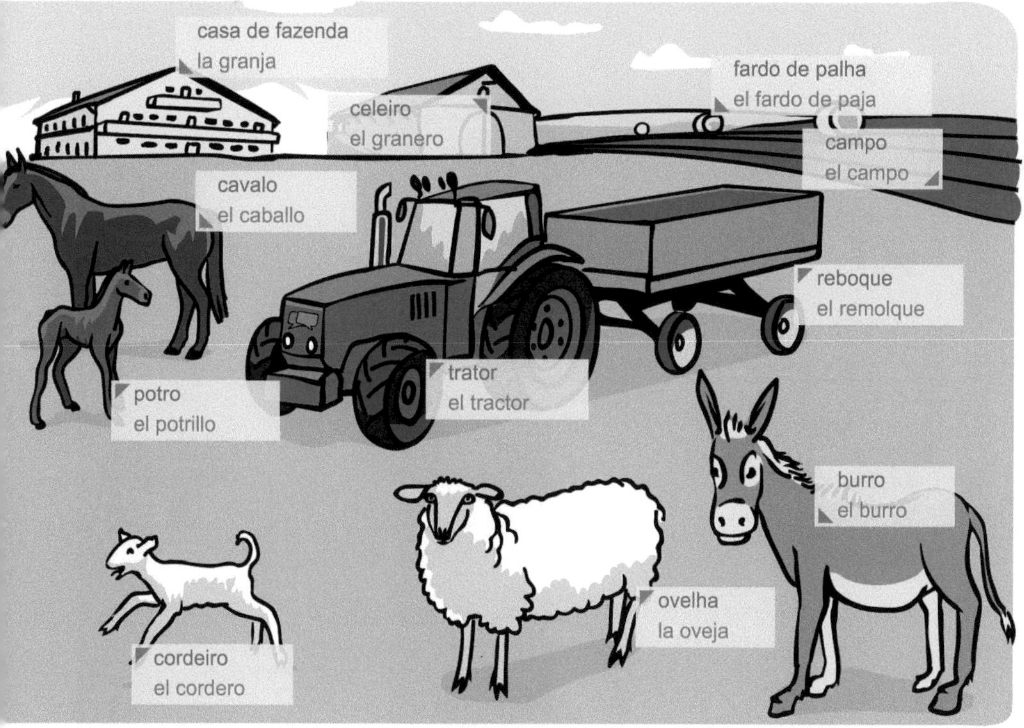
casa de fazenda
la granja
celeiro
el granero
fardo de palha
el fardo de paja
campo
el campo
cavalo
el caballo
reboque
el remolque
trator
el tractor
potro
el potrillo
burro
el burro
ovelha
la oveja
cordeiro
el cordero

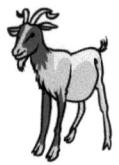

cabra

la cabra

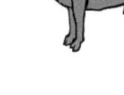

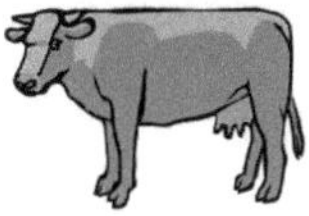

vaca

la vaca

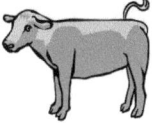

bezerro

el ternero

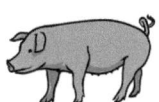

porco

el cerdo

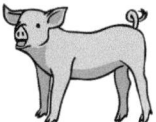

leitão

el lechón

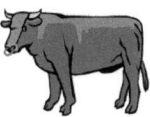

touro

el toro

ganso

el ganso

pato

el pato

pintinho

el pollo

galinha

la gallina

galo

el gallo

ratazana

la rata

gato

el gato

camundongo

el ratón

boi

el buey

cachorro

el perro

casinha do cachorro

la cucha

mangueira de jardim

la manguera

regador

la regadera

foice

la guadaña

arado

el arado

foice

la hoz

enxada

la azada

forquilha

la horquilla

machado

el hacha

carrinho de mão

la carretilla

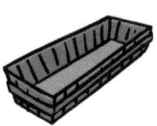

manjedoura

el abrevadero

jarra de leite

la lechera

saco

la bolsa

cerca

la reja

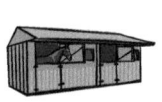

estábulo

el establo

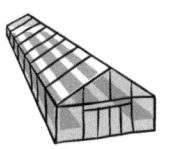

estufa

el invernadero

solo

el suelo

semente

la semilla

fertilizante

el fertilizador

colheitadeira

la cosechadora

colher
....
cosechar

colheita
....
la cosecha

inhame
....
las batatas

trigo
....
el trigo

soja
....
la soja

batata
....
la papa

milho
....
el maíz

colza
....
la semilla de colza

árvore frutífera
....
el árbol frutal

mandioca
....
la mandioca

cereais
....
los cereales

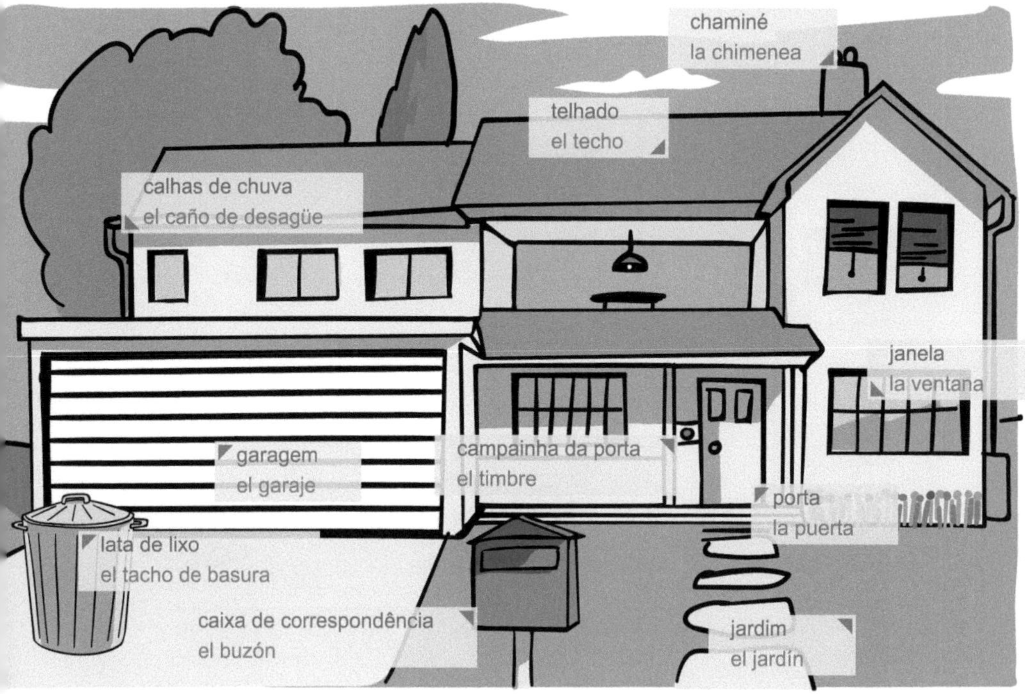

chaminé
la chimenea

telhado
el techo

calhas de chuva
el caño de desagüe

janela
la ventana

garagem
el garaje

campainha da porta
el timbre

porta
la puerta

lata de lixo
el tacho de basura

caixa de correspondência
el buzón

jardim
el jardín

sala de estar
el living

banheiro
el baño

cozinha
la cocina

quarto de dormir
el dormitorio

quarto de criança
el cuarto de los chicos

sala de jantar
el comedor

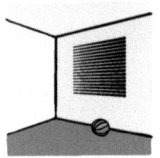

chão
el piso

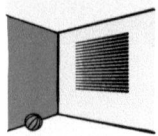

parede
la pared

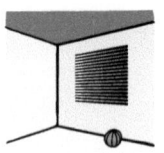

teto
el cielorraso

porão
el sótano

sauna
el sauna

varanda
el balcón

terraço
la terraza

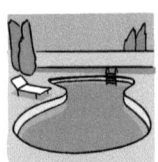

piscina
la pileta

cortador de grama
la cortadora de pasto

lençol
la sábana

coberta
el acolchado

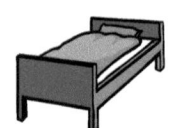

cama
la cama

vassoura
la escoba

balde
el balde

interruptor
el interruptor

sala de estar
el living

papel de parede
el empapelado
quadro
la imagen
lâmpada
la lámpara
prateleira
el estante
armário
el armario
televisão
la televisión
lareira
la chimenea
flor
la flor
travesseiro
el almohadón
sofá
el sofá
vaso
el florero
controle remoto
el control remoto

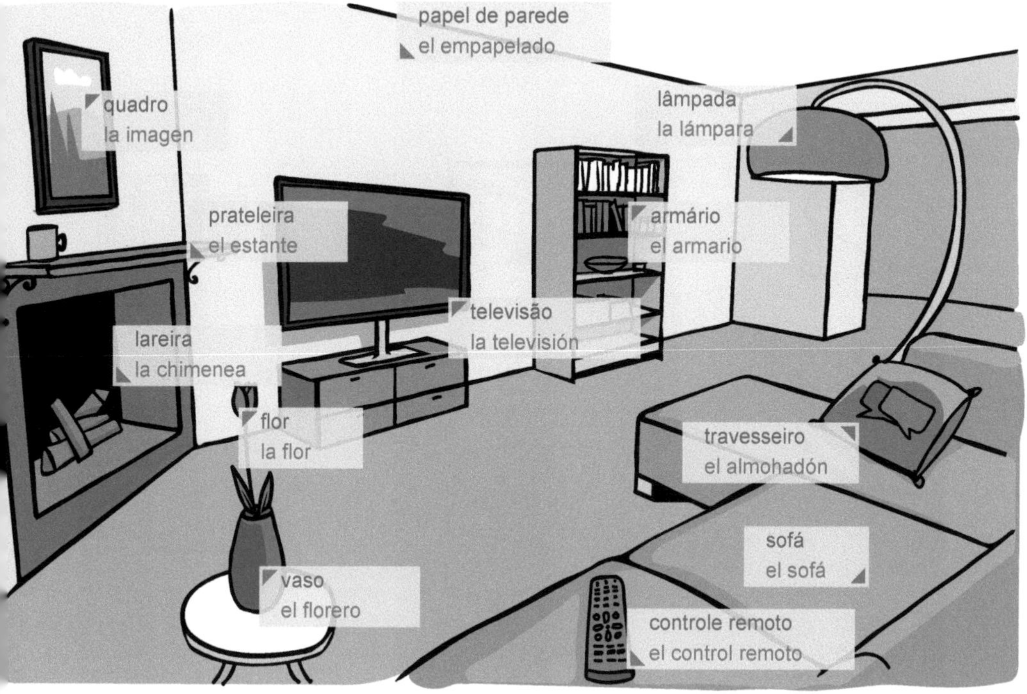

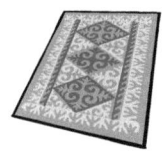

tapete

la alfombra

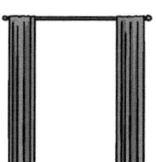

cortina

la cortina

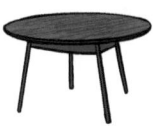

mesa

la mesa

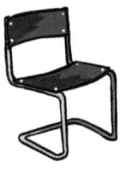

cadeira

la silla

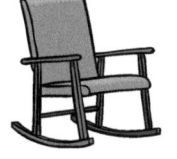

cadeira de balanço

la mecedora

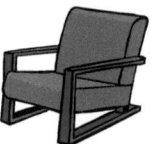

poltrona

el sillón

livro

el libro

cobertor

la frazada

decoração

la decoración

lenha

la leña

filme

la película

equipamento de som

el equipo de música

chave

la llave

jornal

el diario

pintura

la pintura

pôster

el póster

rádio

la radio

bloco de notas

el cuaderno

aspirador

la aspiradora

cacto

el cactus

vela

la vela

cozinha
la cocina

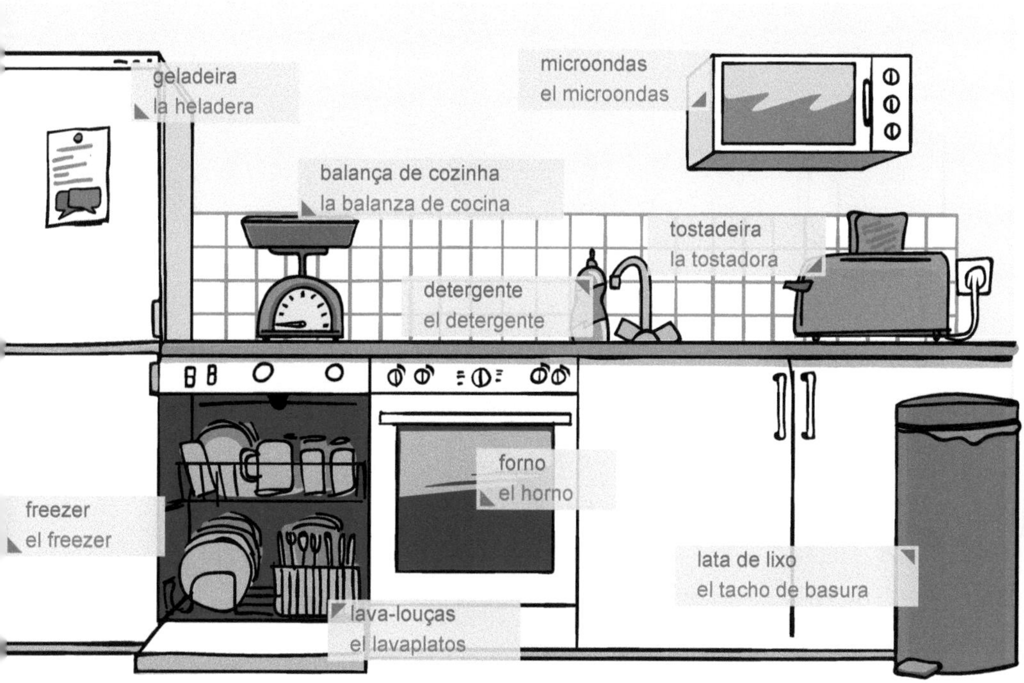

geladeira
la heladera
microondas
el microondas
balança de cozinha
la balanza de cocina
tostadeira
la tostadora
detergente
el detergente
forno
el horno
freezer
el freezer
lata de lixo
el tacho de basura
lava-louças
el lavaplatos

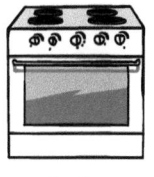

fogão

la cocina

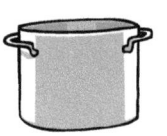

panela

la olla

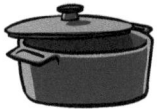

panela de ferro

la olla de hierro fundido

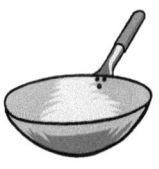

wok / kadai

el wok

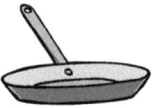

frigideira

la sartén

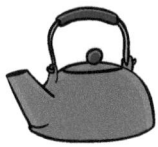

chaleira

la pava

panela a vapor
la vaporera

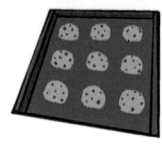

tabuleiro de forno
la bandeja de horno

louça
la vajilla

caneca
la taza

caçarola
el bol

hashi
los palitos

concha de sopa
el cucharón

espátula
la espátula

batedor
la batidora

escorredor
el colador

peneira
el colador

ralador
el rallador

almofariz
el mortero

churrasqueira
la parrilla

lareira
la fogata

tábua de cortar

la tabla de picar

rolo da massa

el palo de amasar

saca-rolhas

el sacacorchos

lata

la lata

abridor de latas

el abrelatas

pegador de panela

la manopla

pia

la pileta

escova

el cepillo

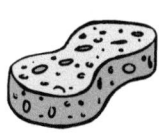

esponja

la esponja

liquidificador

la batidora

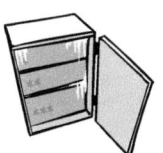

congelador

el congelador

mamadeira

la mamadera

torneira

la canilla

banheiro
el baño

ducha
la ducha
aquecimento
la calefacción
toalha
la toalla
cortina de chuveiro
la cortina de la ducha
banho de espuma
el baño de espuma
banheira
la bañadera
copo
el vaso
lava-roupa
el lavarropas
torneira
la canilla
azulejos
las baldosas
penico
la pelela
pia
la pileta

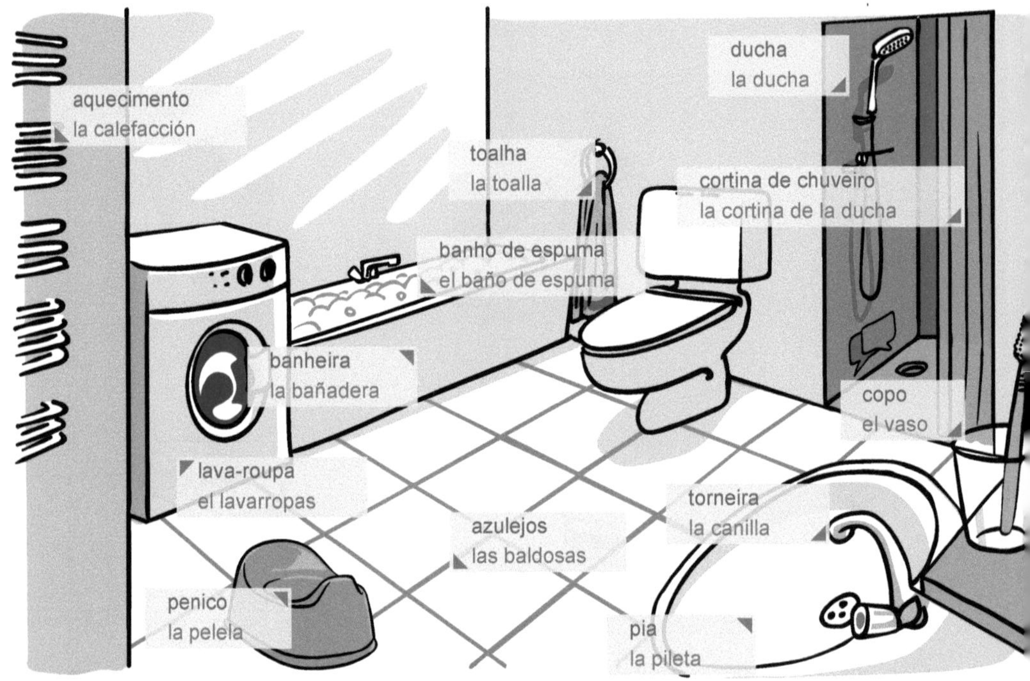

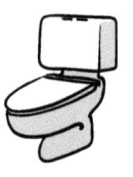

vaso sanitário

el inodoro

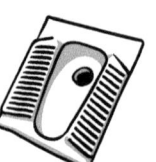

lavabo de agachar

la letrina

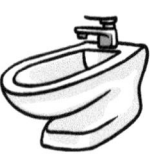

bidê

el bidé

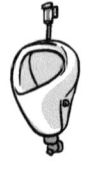

mictório

el mingitorio

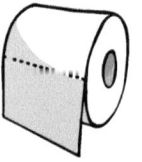

papel higiênico

el papel higiénico

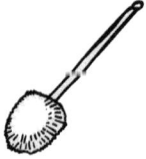

escova de privada

el cepillo para el inodoro

escova de dentes

el cepillo de dientes

pasta de dentes

el dentífrico

fio dental

el hilo dental

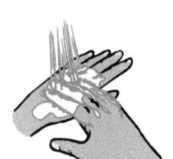

lavar

lavar

ducha de mão

la ducha de mano

ducha íntima

la ducha higiénica

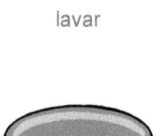

bacia

la palangana

escova para as costas

el cepillo para la espalda

sabonete

el jabón

gel de banho

el gel de ducha

xampu

el shampoo

toalha de rosto

la toallita

escoamento

el desagüe

creme

la crema

desodorante

el desodorante

espelho

el espejo

espelho de mão

el espejito

barbeador

la maquinita de afeitar

espuma de barbear

la espuma de afeitar

loção pós-barba

el aftershave

pente

el peine

escova

el cepillo

secador de cabelo

el secador de pelo

spray de cabelo

el spray

maquiagem

el maquillaje

batom

el lápiz de labios

esmalte de unhas

el esmalte para uñas

algodão

el algodón

tesoura para unhas

la tijera para uñas

perfume

el perfume

nécessaire

el portacosméticos

banquinho

la banqueta

balança

la balanza

roupão de banho

la bata

luvas de borracha

los guantes de goma

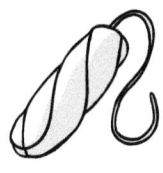

absorvente interno

el tampón

absorvente íntimo

la toallita femenina

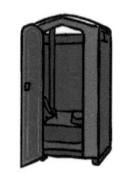

banheiro químico

el baño químico

quarto de criança

el cuarto de los chicos

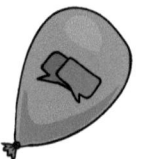

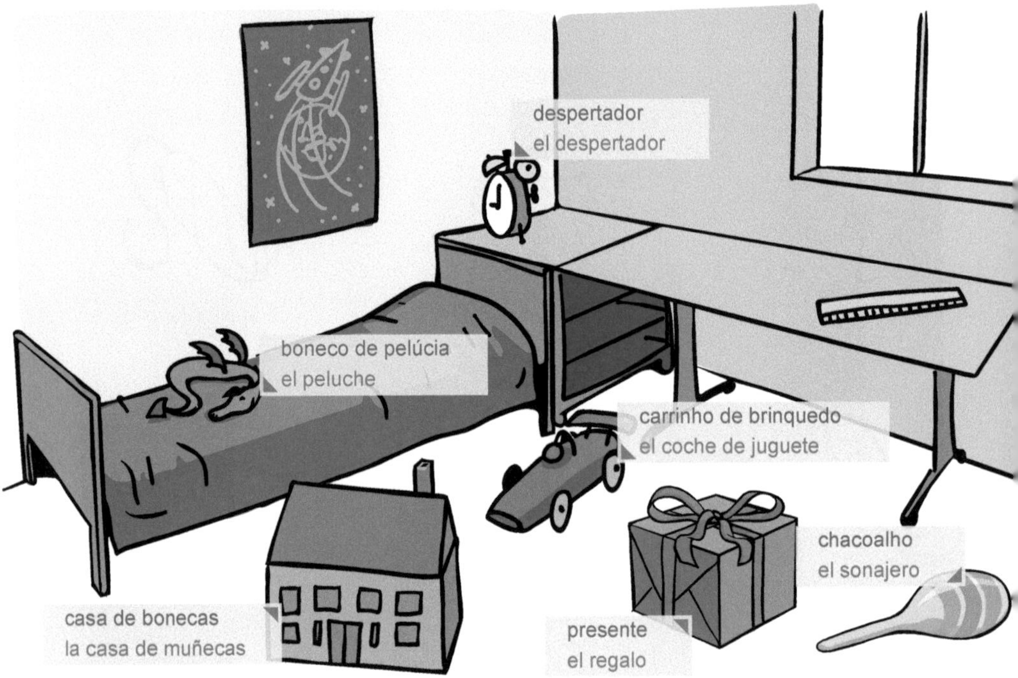
despertador
el despertador
boneco de pelúcia
el peluche
carrinho de brinquedo
el coche de juguete
chacoalho
el sonajero
casa de bonecas
la casa de muñecas
presente
el regalo

balão
....
el globo

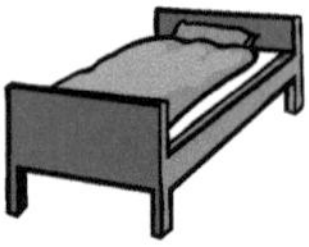

cama
....
la cama

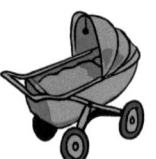

carrinho de bebê
....
el cochecito

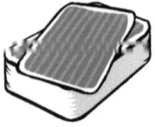

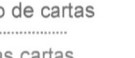

jogo de cartas
....
las cartas

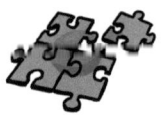

quebra-cabeças
....
el rompecabezas

SUPER
MEGA

revista de quadrinhos
....
la historieta

peças de Lego

las piezas de lego

blocos de construção

los ladrillos de juguete

figura de ação

la figura de acción

macaquinho de bebê

el enterito (de bebé)

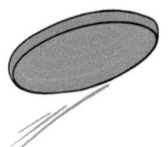

frisbee

el frisbee

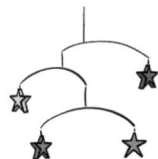

móbile para bebé

el móvil para bebés

jogo de tabuleiro

el juego de mesa

dados

los dados

trenzinho elétrico

el tren eléctrico

chupeta

el chupete

festa

la fiesta

livro ilustrado

el libro de cuentos ilustrado

bola

la pelota

boneca

la muñeca

brincar

jugar

caixa de areia
el arenero

balanço
la hamaca

brinquedos
los juguetes

videogame
la consola de videojuegos

triciclo
el triciclo

ursinho de pelúcia
el osito de peluche

guarda-roupa
el armario

vestuário
la ropa

meias
las medias

meias pelo joelho
las medias panty

meias-calças
las calzas

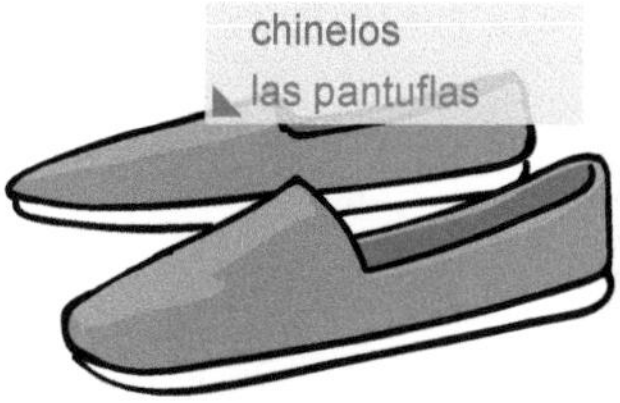

cachecol
la bufanda

cinto
el cinturón

guarda-chuva
el paraguas

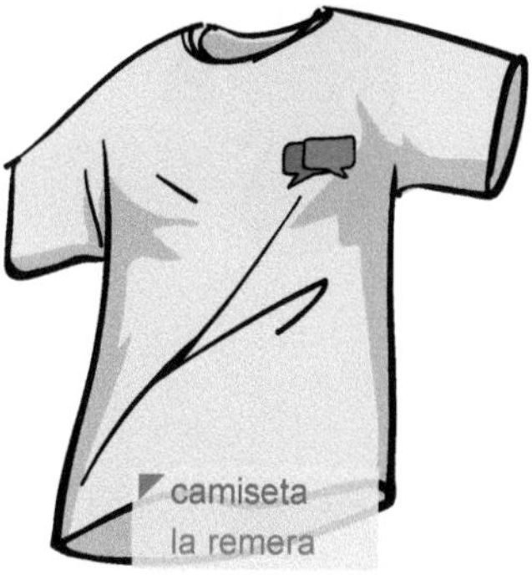

camiseta
la remera

tênis
las zapatillas

botas
las botas

chinelos
las pantuflas

sandálias

las sandalias

sapatos

los zapatos

botas de borracha

las botas de goma

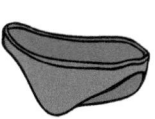

roupa de baixo

la ropa interior

sutiã

el corpiño

camiseta de baixo

el chaleco

body
el body

calças
los pantalones

jeans
los jeans

saia
la pollera

blusa
la blusa

camisa
la camisa

pulôver
el pulóver

suéter com capuz
el buzo

blazer
el blazer

jaqueta
la campera

casaco
el tapado

gabardine
el piloto

traje
el traje

vestido
el vestido

vestido de casamento
el vestido de novia

terno
el traje

camisola
el camisón

pijama
el pijama

sari
el sari

lenço de cabeça
el pañuelo para la cabeza

turbante
el turbante

burca
la burka

cafetă
el caftán

abaya
la abaya

maiô
el traje de baño

sunga
el short de baño

shorts
los shorts

roupa de treino
el jogging

avental
el delantal

luvas
los guantes

botão

el botón

óculos

los anteojos

pulseira

la pulsera

colar

el collar

anel

el anillo

brinco

el aro

boné

la gorra

cabide

la percha

chapéu

el sombrero

gravata

la corbata

zíper

el cierre

capacete

el casco

suspensórios

los tiradores

uniforme escolar

el uniforme escolar

uniforme

el uniforme

babador
....
el babero

chupeta
....
el chupete

fralda
....
el pañal

escritório
la oficina

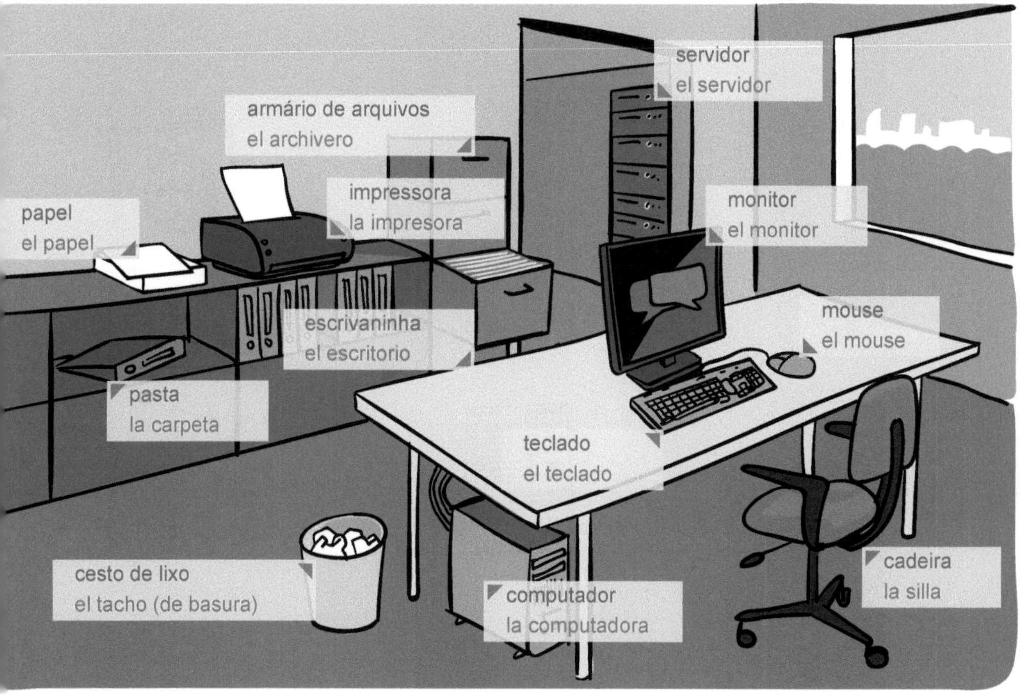

servidor
el servidor

armário de arquivos
el archivero

impressora
la impresora

papel
el papel

monitor
el monitor

escrivaninha
el escritorio

mouse
el mouse

pasta
la carpeta

teclado
el teclado

cesto de lixo
el tacho (de basura)

computador
la computadora

cadeira
la silla

xícara de café
....
la taza de café

calculadora
....
la calculadora

internet
....
el internet

laptop

la laptop

carta

la carta

mensagem

el mensaje

celular

el celular

rede

la red

copiadora

la fotocopiadora

software

el software

telefone

el teléfono

tomada

el tomacorriente

fax

el fax

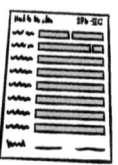

formulário

el formulario

documento

el documento

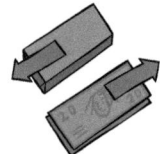

comprar

comprar

pagar

pagar

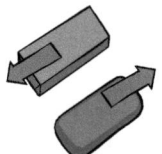

negociar

hacer negocios

dinheiro

el dinero

USD

Dólar

el dólar

EUR

Euro

el euro

JPY

Yen

el yen

RUB

rublo

el rublo

CHF

franco suíço

el franco suizo

CNY

renminbi yuan

el yuan

INR

rupia

la rupia

caixa eletrônico

el cajero automático

casa de câmbio

la casa de cambio

ouro

el oro

prata

la plata

petróleo

el petróleo

energia

la energía

preço

el precio

contrato

el contrato

imposto

el impuesto

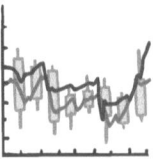

ação

la acción

trabalhar

trabajar

empregado

el empleado

empregador

el empleador

fábrica

la fábrica

loja

el negocio

profissões

las ocupaciones

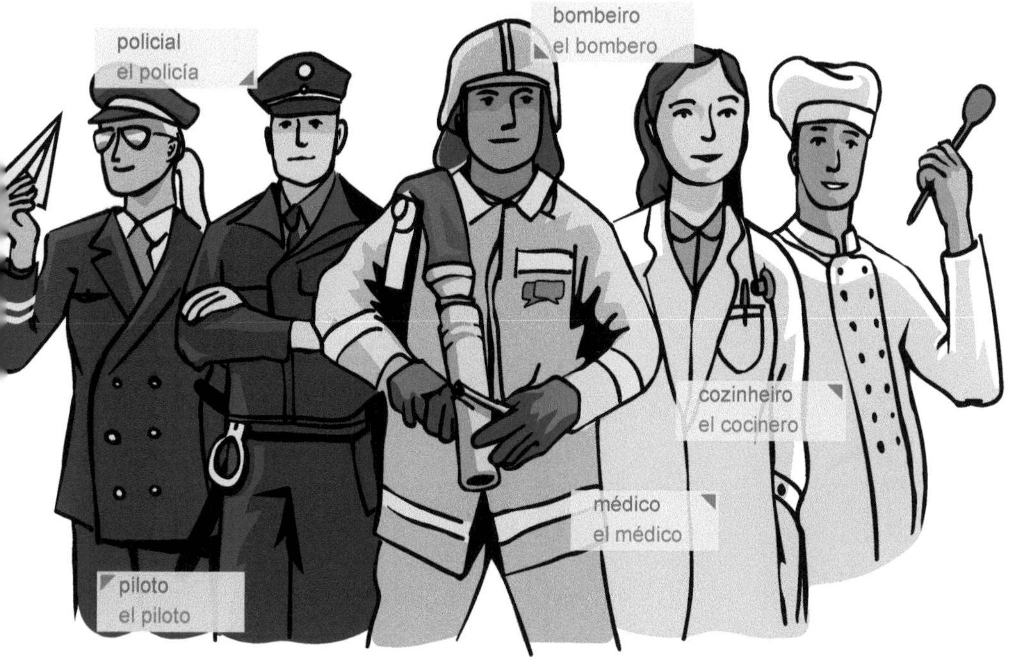

policial
el policía
bombeiro
el bombero
cozinheiro
el cocinero
médico
el médico
piloto
el piloto

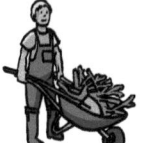

jardineiro

el jardinero

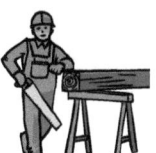

marceneiro

el carpintero

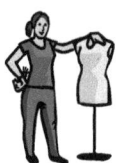

costureira

la modista

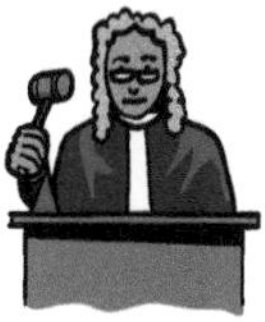

juiz

el juez

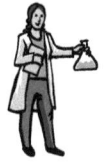

químico

el farmacéutico

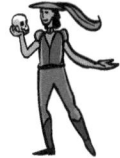

ator

el actor

motorista de ônibus

el colectivero

motorista de táxi

el taxista

pescador

el pescador

faxineira

la mucama

telhador

el techista

garçom

el mozo

caçador

el cazador

pintor

el pintor

padeiro

el panadero

eletricista

el electricista

construtor

el albañil

engenheiro

el ingeniero

açougueiro

el carnicero

encanador

el plomero

carteiro

el cartero

soldado

el soldado

arquiteto

el arquitecto

caixa

el cajero

florista

el florista

cabelereiro

el peluquero

condutor

el cobrador

mecânico

el mecánico

capitão

el capitán

dentista

el dentista

cientista

el científico

rabino

el rabino

imam

el imán

monge

el monje

pastor

el sacerdote

ferramentas
las herramientas

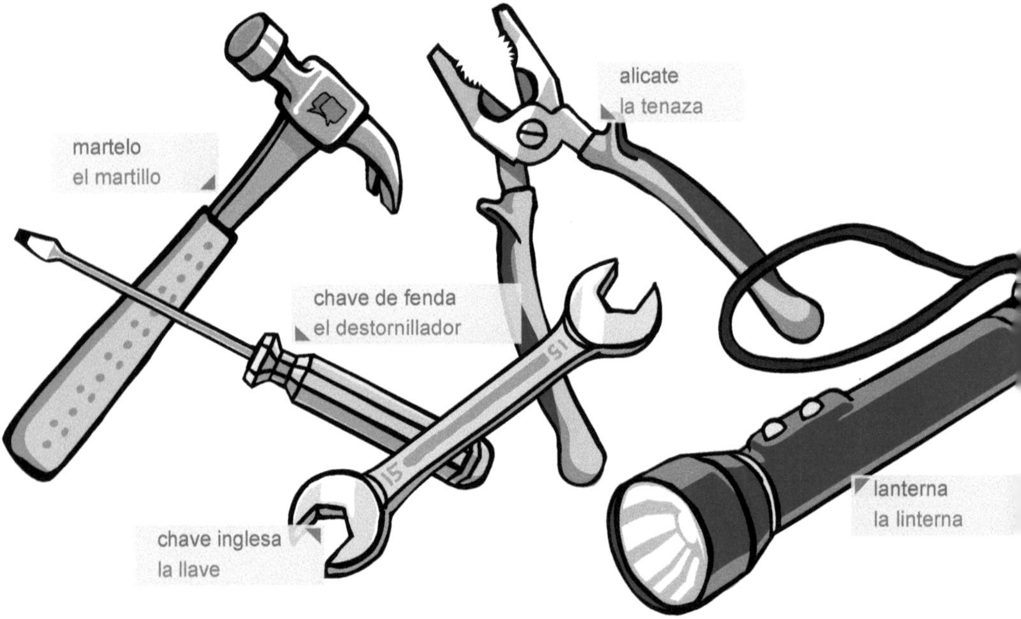
martelo
el martillo
alicate
la tenaza
chave de fenda
el destornillador
lanterna
la linterna
chave inglesa
la llave

escavadora

la excavadora

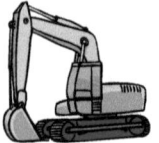

caixa de ferramentas

la caja de herramientas

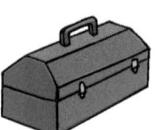

escada de mão

la escalera portátil

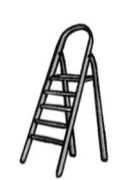

serra

la sierra

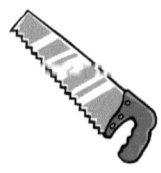

pregos

los clavos

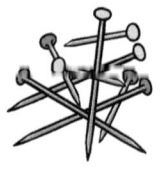

furadeira

el taladro

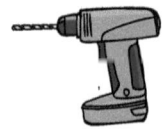

consertar
arreglar

pá
la pala de jardín

Droga!
¡Qué bronca!

pá de lixo
la pala de plástico

pote de tinta
el tacho de pintura

parafusos
los tornillos

instrumentos musicais
los instrumentos musicales

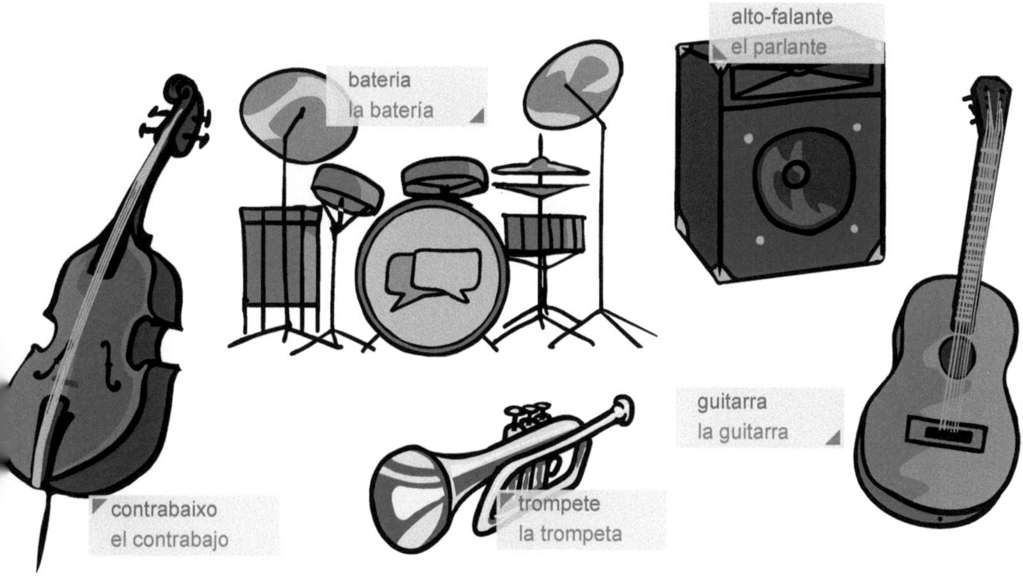

alto-falante
el parlante

bateria
la batería

contrabaixo
el contrabajo

trompete
la trompeta

guitarra
la guitarra

piano

el piano

violino

el violín

baixo

el bajo

timbales

los timbales

tambor

el tambor

teclado

el teclado

saxofone

el saxofón

flauta

la flauta

microfone

el micrófono

instrumentos musicais - los instrumentos musicales

zoológico

el zoológico

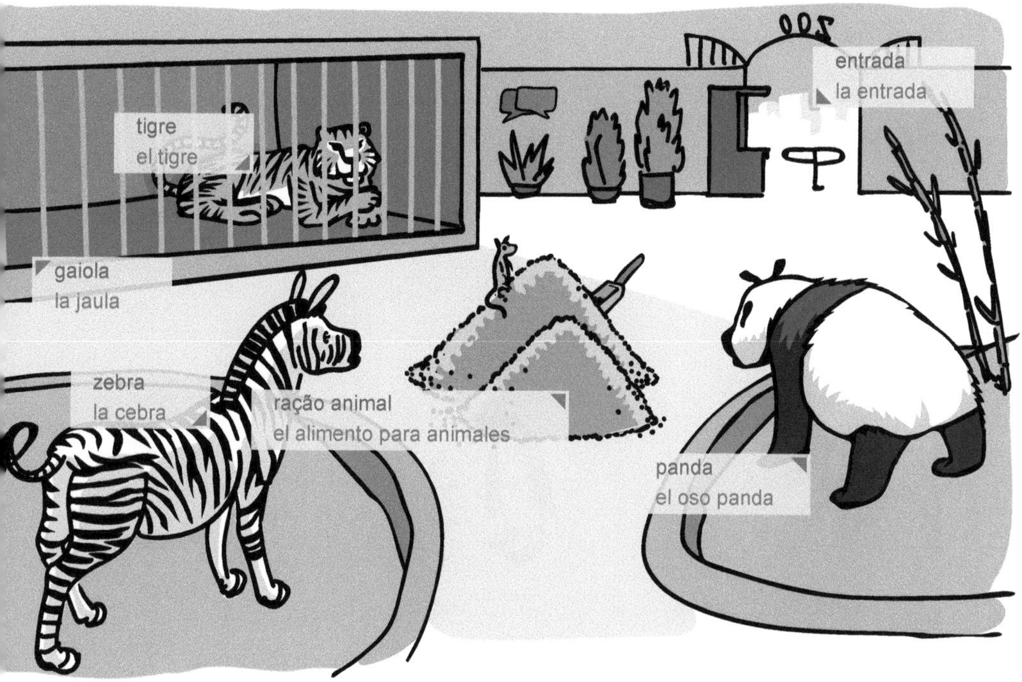

entrada
la entrada
tigre
el tigre
gaiola
la jaula
zebra
la cebra
ração animal
el alimento para animales
panda
el oso panda

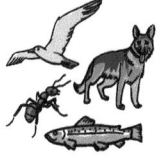

animais

los animales

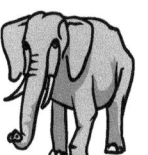

elefante

el elefante

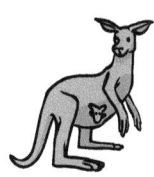

canguru

el canguro

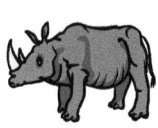

rinoceronte

el rinoceronte

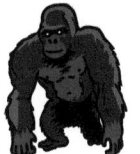

gorila

el gorila

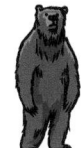

urso

el oso

camelo
el camello

avestruz
el avestruz

leão
el león

macaco
el mono

flamingo
el flamenco

papagaio
el loro

urso polar
el oso polar

pinguim
el pingüino

tubarão
el tiburón

pavão
el pavo real

cobra
la serpiente

crocodilo
el cocodrilo

guarda do zoológico
el cuidador del zoológico

foca
la foca

jaguar
el jaguar

pônei
el poni

leopardo
el leopardo

hipopótamo
el hipopótamo

girafa
la jirafa

águia
el águila

javali
el jabalí

peixe
el pescado

tartaruga
la tortuga

morsa
la morsa

raposa
el zorro

gazela
la gacela

futebol americano
el fútbol americano

ciclismo
el ciclismo

tênis
el tenis

basquete
el básquet

natação
la natación

boxe
el boxeo

hóquei no gelo
el hockey sobre hielo

futebol
el fútbol

badminton
el bádminton

atletismo
el atletismo

handebol
el handball

esqui
el esquí

polo
el polo

atividades
las actividades

pular
saltar
cantar
cantar
abraçar
abrazar
rir
reír
andar
caminar
rezar
rezar
beijar
besar
sonhar
soñar

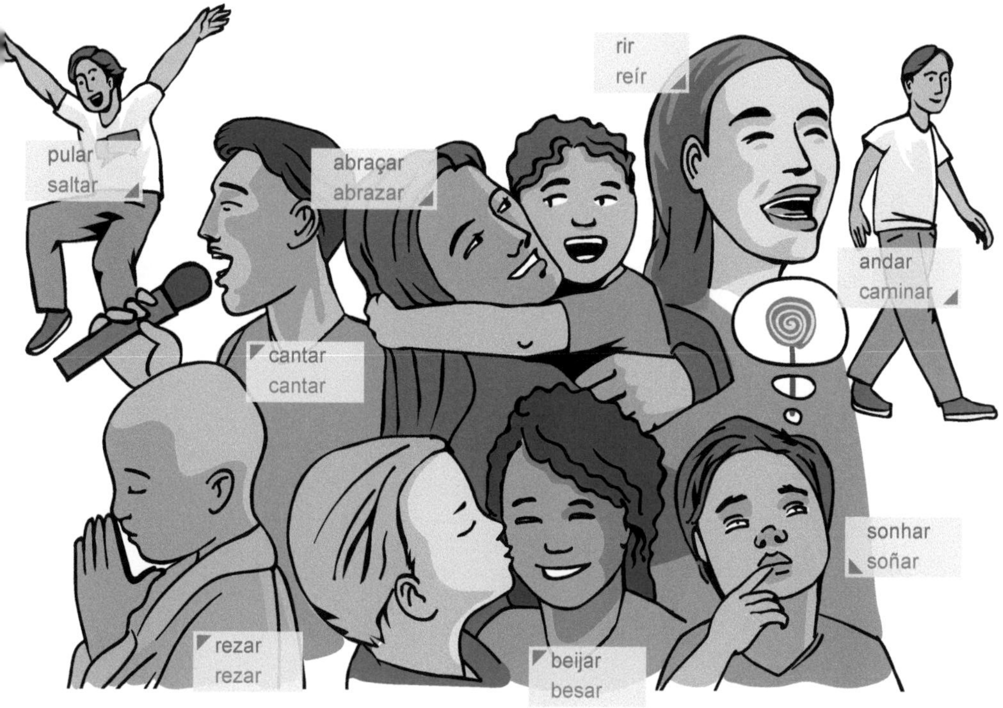

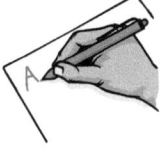

escrever
escribir

desenhar
dibujar

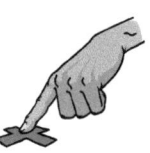

mostrar
mostrar

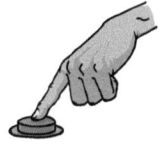

empurrar
presionar

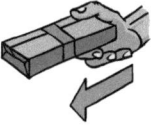

dar
dar

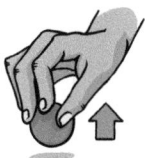

tomar
tomar

ter
tener

fazer
hacer

ser
ser

ficar de pé
estar parado

correr
correr

puxar
tirar

jogar
tirar

cair
caer

deitar
estar acostado

esperar
esperar

carregar
llevar

sentar
estar sentado

vestir
vestirse

dormir
dormir

despertar
despertar

olhar para
mirar

chorar
llorar

acariciar
acariciar

pentear
peinar

falar
hablar

entender
entender

perguntar
preguntar

ouvir
escuchar

beber
beber

comer
comer

arrumar
ordenar

amar
amar

cozinhar
cocinar

dirigir
manejar

voar
volar

velejar

navegar

calcular

calcular

ler

leer

aprender

aprender

trabalhar

trabajar

casar

casarse

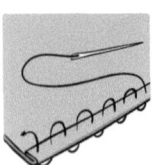

costurar

coser

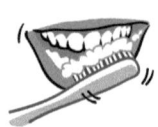

escovar os dentes

cepillarse los dientes

matar

matar

fumar

fumar

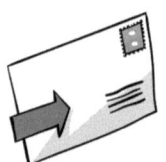

enviar

enviar

família
la familia

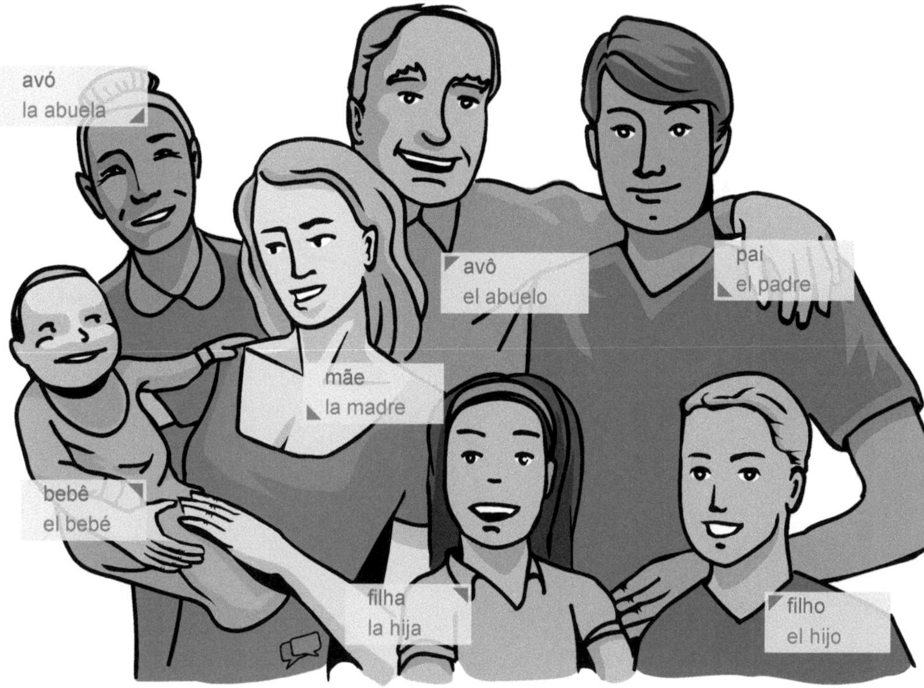
avó
la abuela
avô
el abuelo
pai
el padre
mãe
la madre
bebê
el bebé
filha
la hija
filho
el hijo

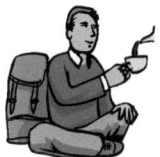

convidado

el invitado

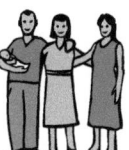

tia

la tía

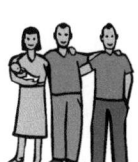

tio

el tío

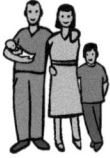

irmão

el hermano

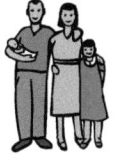

irmã

la hermana

corpo

el cuerpo

testa
la frente
olho
el ojo
ombro
el hombro
dedo
el dedo
rosto
la cara
queixo
la pera
mão
la mano
perna
la pierna
peito
el pecho
braço
el brazo

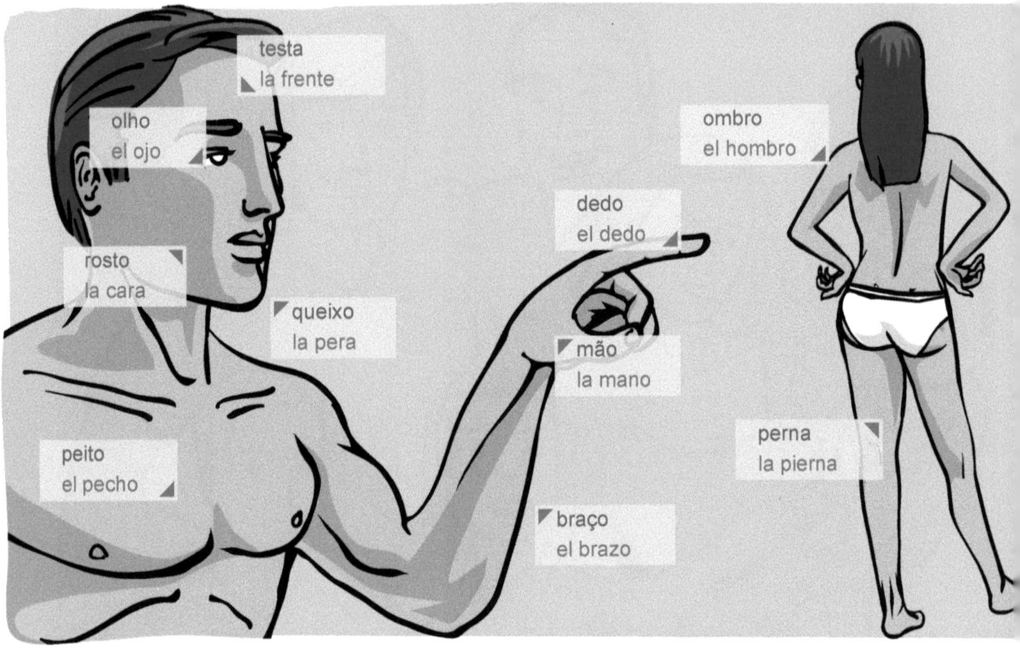

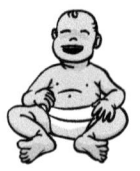

bebê

el bebé

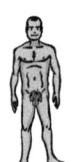

homem

el hombre

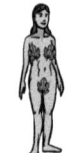

mulher

la mujer

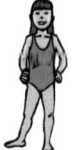

menina

la nena

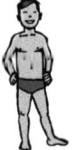

menino

el nene

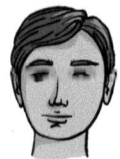

cabeça

la cabeza

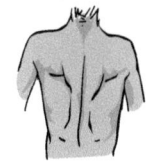

costas

la espalda

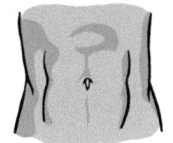

barriga

la panza

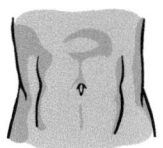

umbigo

el ombligo

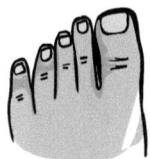

dedo do pé

el dedo del pie

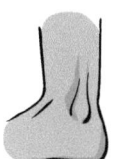

calcanhar

el talón

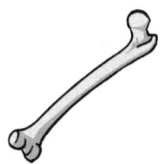

osso

el hueso

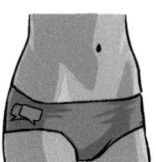

anca

la cadera

joelho

la rodilla

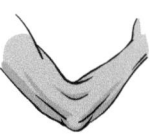

cotovelo

el codo

nariz

la nariz

nádegas

la cola

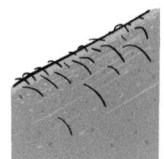

pele

la piel

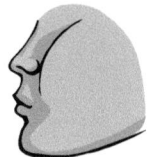

bochecha

el cachete

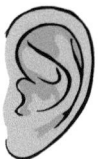

orelha

la oreja

lábio

el labio

boca

la boca

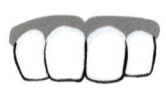

dente

el diente

língua

la lengua

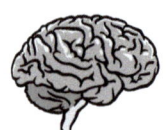

cérebro

el cerebro

coração

el corazón

músculo

el músculo

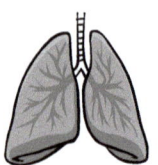

pulmão

el pulmón

fígado

el hígado

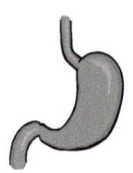

estômago

el estómago

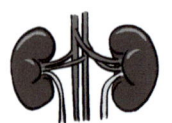

rins

los riñones

relações sexuais

el sexo

preservativo

el preservativo

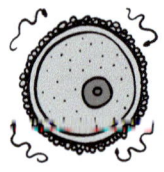

óvulo

el óvulo

esperma

el semen

gravidez

el embarazo

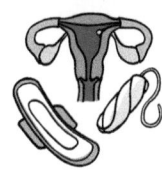

menstruação
la menstruación

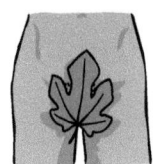

vagina
la vagina

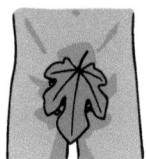

pênis
el pene

sobrancelha
la ceja

cabelo
el pelo

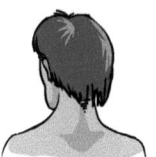

pescoço
el cuello

hospital

el hospital

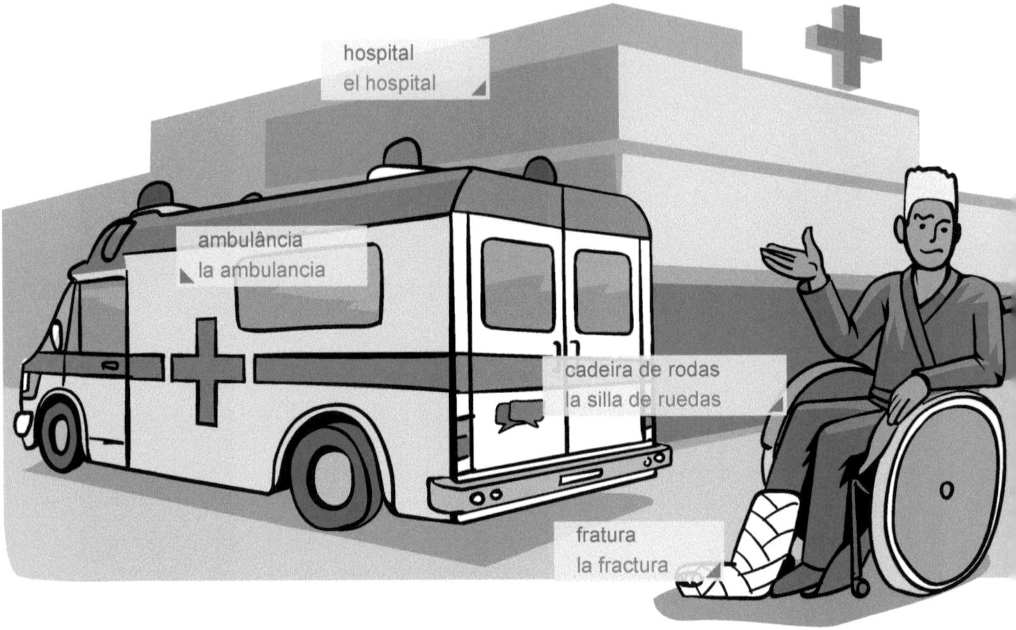

hospital
el hospital
ambulância
la ambulancia
cadeira de rodas
la silla de ruedas
fratura
la fractura

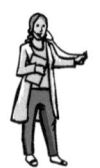

médico
el médico

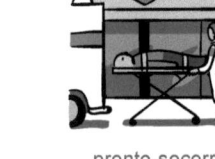

pronto-socorro
la sala de guardia

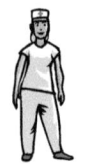

enfermeira
la enfermera

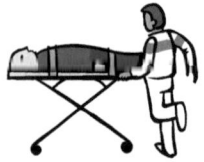

emergência
la emergencia

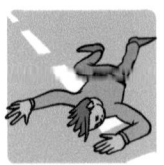

inconsciente
inconsciente

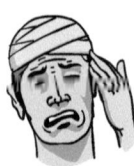

dor
el dolor

ferimento
la lesión

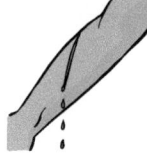

hemorragia
la hemorragia

ataque cardíaco
el infarto

acidente vacular cerebral
el ACV

alergia
la alergia

tosse
la tos

febre
la fiebre

gripe
la gripe

diarreia
la diarrea

dor de cabeça
el dolor de cabeza

câncer
el cáncer

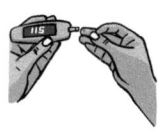

diabetes
la diabetes

cirurgião
el cirujano

bisturi
el bisturí

operação
la operación

CT
la TC

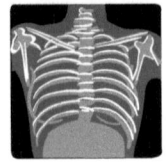

raio x
los rayos x

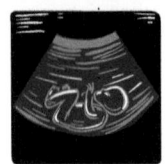

ultrassom
la ecografía

máscara
el barbijo

doença
la enfermedad

sala de espera
la sala de espera

muleta
la muleta

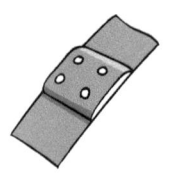

bandeide
la curita

ligadura
la venda

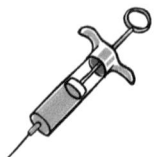

injeção
la inyección

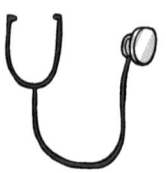

estetoscópio
el estetoscopio

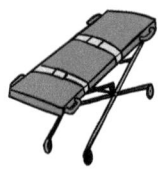

maca
la camilla

termômetro
el termómetro

nascimento
el nacimiento

excesso de peso
el sobrepeso

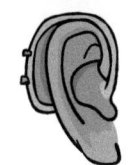

aparelho auditivo
el audífono

desinfetante
el desinfectante

infecção
la infección

vírus
el virus

HIV / AIDS
el VIH / SIDA

medicamento
el remedio

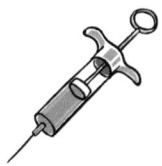

vacinação
la vacunación

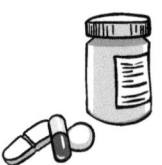

comprimidos
los comprimidos

pílula
la pastilla anticonceptiva

chamada de emergência
a llamada de emergencia

dispositivo de medição de
pressão arterial
el tensiómetro

doente / saudável
enfermo / sano

Socorro!

¡Ayuda!

alarme

la alarma

assalto

la agresión

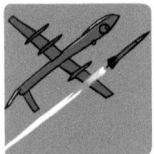

ataque

el ataque

perigo

el peligro

saída de emergência

la salida de emergencia

Fogo!

¡Fuego!

extintor de incêndios

el matafuego

acidente

el accidente

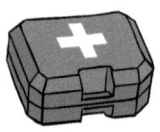

maleta de primeiros
socorros

el botiquín de primeros
auxilios

SOS

el SOS

polícia

la policía

Europa

Europa

América do Norte

América del Norte

América do Sul

América del Sur

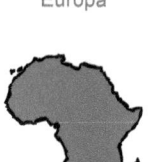

África

África

Ásia

Asia

Austrália

Australia

Atlântico

el Atlántico

Pacífico

el Pacífico

Oceano Índico

el Océano Índico

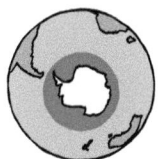

Oceano Antártico

el Océano Antártico

Oceano Ártico

el Océano Ártico

Polo Norte

el polo norte

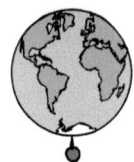

Polo Sul
....
el polo sur

Antártica
....
la Antártida

Terra
....
la Tierra

terra
....
la tierra

mar
....
el mar

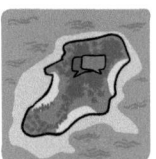

ilha
....
la isla

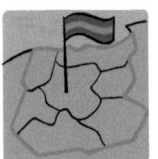

nação
....
la nación

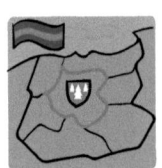

estado
....
el estado

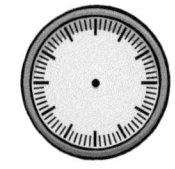

mostrador do relógio

la esfera

ponteiro das horas

la manecilla de las horas

ponteiro dos minutos

el minutero

ponteiro dos segundos

el segundero

Que horas são?

¿Qué hora es?

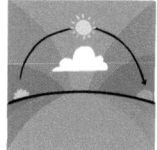

dia

el día

tempo

la hora

agora

ahora

relógio digital

el reloj digital

minuto

el minuto

hora

la hora

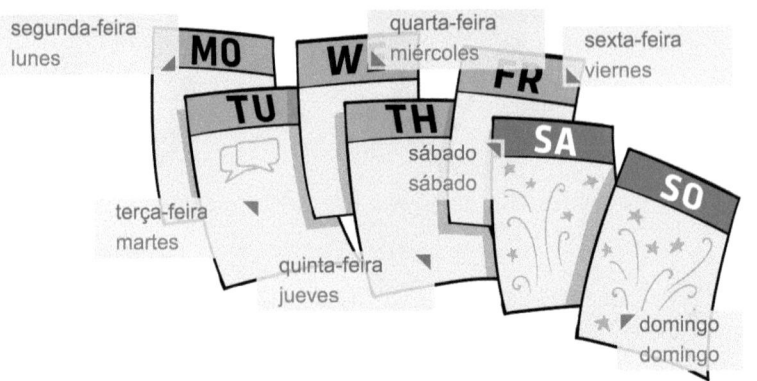

segunda-feira
lunes

terça-feira
martes

quarta-feira
miércoles

quinta-feira
jueves

sexta-feira
viernes

sábado
sábado

domingo
domingo

ontem
....
ayer

hoje
....
hoy

amanhã
....
mañana

manhã
....
la mañana

meio-dia
....
el mediodía

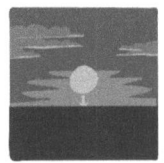

entardecer
....
la tarde

MO	TU	WE	TH	FR	SA	SU
1	2	3	4	5	6	7
8	9	10	11	12	13	14
15	16	17	18	19	20	21
22	23	24	25	26	27	28
29	30	31	1	2	3	4

dias úteis
....
los días hábiles

MO	TU	WE	TH	FR	SA	SU
1	2	3	4	5	6	7
8	9	10	11	12	13	14
15	16	17	18	19	20	21
22	23	24	25	26	27	28
29	30	31	1	2	3	4

fim de semana
....
el fin de semana

ano
el año

chuva
la lluvia
arco-íris
el arco iris
neve
la nieve
vento
el viento
primavera
la primavera
outono
el otoño
verão
el verano
inverno
el invierno

4.APRIL 11°
5.APRIL 4°
6.APRIL 13°
7.APRIL 8°
8.APRIL 10°

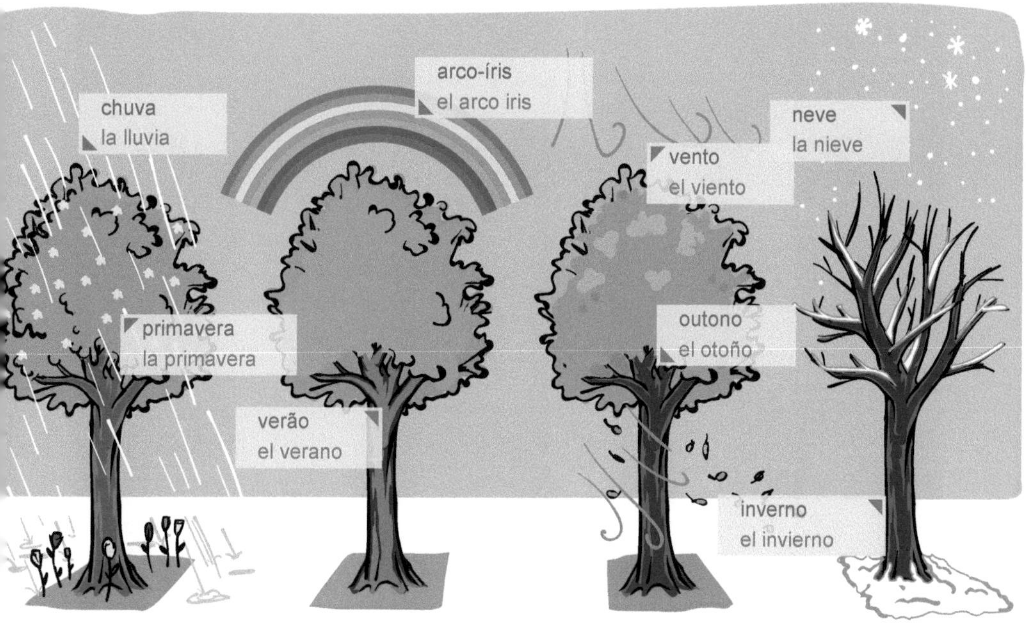

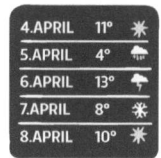

previsão do tempo

pronóstico meteorológico

F C
120 40
90 30
60 20
30 10
0 0
-30 -10
-20

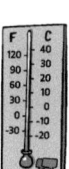

termômetro

el termómetro

raio de sol

la luz del sol

nuvem

la nube

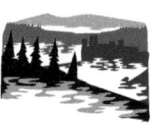

neblina / nevoeiro

la niebla

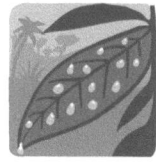

umidade do ar

la humedad

relâmpago

el rayo

trovão

el trueno

tempestade

la tormenta

granizo

el granizo

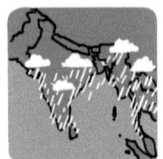

monção

el monzón

inundação

la inundación

gelo

el hielo

janeiro

enero

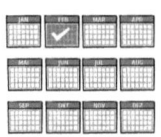

fevereiro

febrero

março

marzo

abril

abril

maio

mayo

junho

junio

julho

julio

agosto

agosto

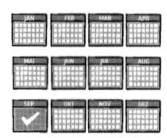

setembro
....
septiembre

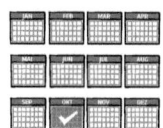

outubro
....
octubre

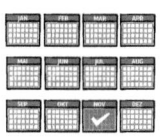

novembro
....
noviembre

dezembro
....
diciembre

formas
las formas

círculo
....
el círculo

quadrado
....
el cuadrado

retângulo
....
el rectángulo

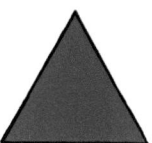

triângulo
....
el triángulo

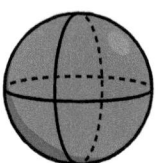

esfera
....
la esfera

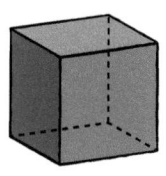

cubo
....
el cubo

cores
colores

branco
....
blanco

amarelo
....
amarillo

laranja
....
naranja

rosa
....
rosa

vermelho
....
rojo

lilás
....
violeta

azul
....
azul

verde
....
verde

marrom
....
marrón

cinza
....
gris

preto
....
negro

muito / pouco
mucho / poco

furioso / tranquilo
enojado / tranquilo

lindo / feio
lindo / feo

começo / fim
el principio / el fin

grande / pequeno
grande / chico

claro / escuro
claro / oscuro

irmão / irmã
el hermano / la hermana

limpo / sujo
limpio / sucio

completo / incompleto
completo / incompleto

dia / noite
el día / la noche

morto / vivo
muerto / vivo

largo / estreito
ancho / angosto

comestível / não comestível

comestible / no comestible

mau / gentil

malo / amable

entusiasmado / entediado

entusiasmado / aburrido

gordo / magro

gordo / flaco

primeiro / último

primero / último

amigo / inimigo

el amigo / el enemigo

cheio / vazio

lleno / vacío

duro / macio

duro / blando

pesado / leve

pesado / liviano

fome / sede

el hambre / la sed

doente / saudável

enfermo / sano

ilegal / legal

ilegal / legal

inteligente / idiota

inteligente / estúpido

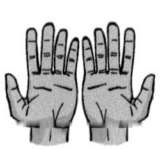

esquerda / direita

izquierda / derecha

perto / longe

cerca / lejos

novo / usado

nuevo / usado

nada / alguma coisa

nada / algo

velho / jovem

viejo / joven

ligado / desligado

encendido / apagado

aberto / fechado

abierto / cerrado

baixo / alto

silencioso / ruidoso

rico / pobre

rico / pobre

certo / errado

correcto / incorrecto

áspero / liso

áspero / suave

triste / feliz

triste / contento

curto / longo

corto / largo

lento / rápido

lento / rápido

molhado / seco

mojado / seco

ameno / fresco

caliente / frío

guerra / paz

guerra / paz

opostos - los opuestos

0

zero

cero

1

um

uno

2

dois

dos

3

três

tres

4

quatro

cuatro

5

cinco

cinco

6

seis

seis

7

sete

siete

8

oito

ocho

9

nove

nueve

10

dez

diez

11

onze

once

12
doze
doce

13
treze
trece

14
quatorze
catorce

15
quinze
quince

16
dezesseis
dieciséis

17
dezessete
diecisiete

18
dezoito
dieciocho

19
dezenove
diecinueve

20
vinte
veinte

100
cem
cien

1.000
mil
mil

1.000.000
milhão
el millón

inglês
el inglés

inglês americano
el inglés americano

chinês mandarim
el chino mandarín

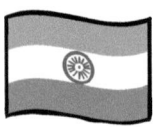

hindi
el hindi

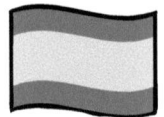

espanhol
el español

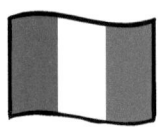

francês
el francés

árabe
el árabe

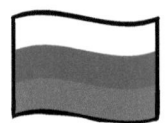

russo
el ruso

português
el portugués

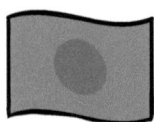

bengalês
el bengalí

alemão
el alemán

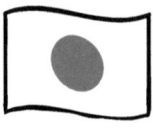

japonês
el japonés

eu
yo

você
vos

ele / ela
él / ella

nós
nosotros

vocês
ustedes

eles / elas
ellos

quem?
¿quién?

O quê?
¿qué?

como?
¿cómo?

onde?
¿dónde?

Quando?
¿cuándo?

nome
el nombre

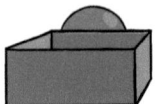

atrás

detrás

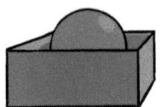

em

en

na frente de

adelante de

sobre

por encima de

em cima

sobre

debaixo

debajo de

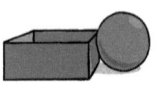

do lado

al lado de

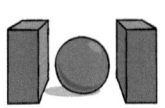

entre

entre

lugar

el lugar